Las Actitudes

Que contaminan o elevan la cocina del Gran Chef

Ivelisse Adorno

Página de derechos

Las reflexiones y metáforas aquí presentadas representan experiencias personales y procesos espirituales inspirados en entornos de cocina y servicio. Este libro no pretende ofrecer consejería profesional.

Para permisos o información adicional: **Kitvi Editorial, LLC**
Email: ive@kitvi.me
Website: www.iveadorno.com

Primera edición, 2026.
ISBN: 979-8-9943567-1-5
Impreso en los Estados Unidos de América.

Dedicatoria

A los que han servido conmigo en silencio, a los que me vieron cansada, aprendiendo, equivocándome y volviendo a intentar. A los que me enseñaron, sin palabras a veces, que en la cocina del Reino no se compite: se crece.

A ustedes, que moldearon mi carácter con su ejemplo, que me mostraron cómo dar lo mejor de mí aun cuando nadie mira.

Gracias por cada jornada, cada corrección, cada risa, y por hacerme mejor en la **Cocina del Cielo**.

Nota de la autora

En **La Cocina del Cielo**, nada de lo que leés está diseñado para cocinarse en una estufa.
Aquí, las "recetas" no tienen que ver con comida, sino con **procesos del corazón**.

En este lugar simbólico:

- **Una taza no mide ingredientes... mide fe.**
- **Una cucharada no mueve masa... mueve esperanza.**
- **El fuego no cocina comida... afina el carácter.**

Todo dentro de estas páginas es una metáfora espiritual: una taza de fe, una cucharada de esperanza, un corazón arrepentido como ingrediente principal, un fuego que representa el proceso de Dios y una masa que simboliza el alma que se deja trabajar.

Nada de lo que aparece aquí está pensado para reproducirse en una cocina física. Este contenido pertenece a la **cocina interna**, donde Dios transforma actitudes, intenciones y motivaciones.

Estas palabras no son recetas culinarias: son símbolos, oraciones disfrazadas de instrucciones y meditaciones escritas con el lenguaje del fogón y los ingredientes.

Su propósito no es enseñarte a preparar un plato, sino acompañarte en el proceso en el que **el Gran Chef trabaja tu corazón**.

ÍNDICE

Introducción

Las Actitudes en la Cocina del Gran Chef

La cocina es un lugar honesto. No importa cuánto tratemos de escondernos, tarde o temprano la temperatura revela nuestro verdadero yo: cómo pensamos, cómo reaccionamos, cómo tratamos a otros y cómo manejamos lo que sentimos.

En La Cocina del Cielo, el Gran Chef conoce nuestras capacidades, nuestras heridas y nuestros límites. Él domina el fuego, el tiempo y los procesos. Su carácter no cambia; su actitud nunca se contamina; su corazón siempre está dispuesto. Los que cambiamos somos nosotros, si estamos dispuestos.

Y es ahí donde comienza este libro.

Las actitudes que exploraremos aquí no son conceptos teóricos... son reales. Son actitudes que yo he visto, sentido y vivido en cocinas donde el calor no solo cocina alimentos, sino también personas. Actitudes que moldean ambientes, fortalecen equipos o los rompen en silencio. Actitudes que, sin darnos cuenta, pueden darle sabor al servicio y arruinarlo por completo.

Dios no necesita ajustar Su actitud para trabajar en nosotros; somos nosotros quienes debemos permitirle trabajar las nuestras. En Su cocina, cada turno es una oportunidad para crecer, cada corrección es una invitación, cada ambiente es un examen del carácter.

Este libro no es una lista de fallas. Es un mapa de honestidad.

Una guía para reconocer lo que puede estar contaminando el ambiente y también lo que puede elevarlo.

Porque en manos del Gran Chef, incluso las actitudes más difíciles pueden convertirse en ingredientes de transformación. Y cada día de servicio, bueno o malo, se convierte en una oportunidad para que Él refine nuestro corazón.

Bienvenido a la cocina.
Bienvenido al calor que revela quién eres.
Bienvenido al proceso donde el Gran Chef transforma actitudes en carácter y servicio en adoración.

Las actitudes que contaminan

Las actitudes que contaminan

Antes de hablar de lo que eleva, es necesario reconocer lo que contamina.

No para señalar personas, sino para identificar patrones.

Las actitudes que contaminan no siempre se ven como pecado evidente; muchas veces se disfrazan de carácter fuerte, de buena intención o de supervivencia emocional.

Pero en la cocina, incluso pequeñas actitudes fuera de lugar alteran el ambiente completo. Nombrarlas no las hace más grandes; **las pone en su lugar**.

SOBERBIA

Cuando el ego se convierte en el ingrediente más amargo de la cocina.

Historia / Metáfora culinaria

Recuerdo una noche en particular. Era un servicio lleno, la línea caliente no paraba, los tickets seguían cayendo sin piedad.
Uno de los cocineros muy talentoso, sí, pero atrapado en protagonismo, empujó a otro de mala manera mientras gritaba: "¡Quítate, yo lo hago mejor!"

En una cocina, todos conocen el sonido del cuchillo sobre la tabla, el golpe de una olla, el ritmo del servicio. Pero hay otro sonido que se siente antes de escucharse: **el ego entrando por la puerta.**

No quemó el plato, pero quemó algo más importante: **el ambiente.** Nadie dijo nada, pero la cocina entera se contrajo. Los movimientos dejaron de fluir. La armonía se rompió. Y aunque los platos salieron a tiempo, el equipo salió herido.

La soberbia siempre hace eso: **no importa cuán perfecto luzca el plato, el daño ya se sirvió.**

Reflexión espiritual

La soberbia no empieza en la cocina; empieza en el corazón. En la Biblia aparece una y otra vez como una actitud que Dios confronta con firmeza. Proverbios 16:18 nos advierte esto:

"Antes del quebrantamiento es la soberbia; y antes de la caída, la altivez de espíritu."

La soberbia rompe equipos porque rompe visión: ya no se sirve al cliente, ni al equipo, ni al propósito, solo sirve al yo.

Cuando el ego se convierte en el centro:

- no hay escucha,
- no hay aprendizaje,
- no hay humildad,
- y el fuego del carácter se apaga.

El Gran Chef jamás trabaja con orgullo en sus ingredientes; Él trabaja con corazones que pueden ser moldeados. Por eso Jesús dijo en Mateo 11:29:

"Aprendan de mí, que soy manso y humilde de corazón."

La soberbia es incompatible con el Reino porque el Reino se basa en servicio, no en protagonismo.

En la cocina del cielo, Dios no busca manos rápidas… **busca corazones enseñables.**

El bocado final

La soberbia siempre promete control, pero termina dejando caos. Promete reconocimiento, pero deja relaciones rotas. Promete autoridad, pero roba respeto. Y lo más peligroso: nos hace creer que estamos bien, aun cuando todos a nuestro alrededor sienten el peso de nuestra actitud.

En la cocina, la soberbia no solo afecta el plato que tienes frente a ti; afecta la velocidad del equipo, la confianza, el ambiente, y hasta la creatividad del que está al lado. Es un ingrediente tan amargo que, aun cuando el plato sale perfecto, el proceso queda contaminado.

Pero aquí está la esperanza: cuando la soberbia se expone, pierde poder. Cuando se confiesa, se desinflama. Y cuando se entrega al Gran Chef, Él la transforma en carácter, mansedumbre y sabiduría.

La soberbia rompe equipos. La humildad los restaura. Y solo un corazón que reconoce su propio ego puede convertirse en un instrumento de unidad en la cocina del cielo.

Oración

Gran Chef, examina mi corazón y muéstrame dónde el ego está tomando espacio que no le pertenece. Desinfla mi orgullo, enséñame a escuchar, a ceder y a servir sin buscar aplausos. Forma en mí un espíritu humilde que edifique a otros y haga tu cocina un lugar de unidad y paz.
Amén.

Frase sazonada

El ego no rompe platos. Rompe personas... y equipos.

Receta simbólica: *Humildad a fuego lento*

Ingredientes:

- 1 taza de honestidad
- 2 cucharadas de humildad
- Una pizca de silencio antes de reaccionar
- 1 corazón dispuesto a aprender
- Fuego moderado de corrección divina

Instrucciones:

1. Mezcla la honestidad con la humildad hasta eliminar los grumos de ego.
2. Añade silencio para evitar que el orgullo hierva.
3. Permite que el Gran Chef aplique corrección a fuego lento.
4. Revuelve diariamente con mansedumbre.

Resultado:

Un corazón flexible, un ambiente más liviano y un equipo que vuelve a respirar en unidad.

Actividad individual

1. Escribe un momento reciente en el que tu primera reacción fue de orgullo.
2. ¿Qué estabas defendiendo realmente: tu punto, tu imagen o tu inseguridad?
3. ¿Cómo habría cambiado la situación si hubieras respondido con humildad?
4. Ora:
   "Gran Chef, muéstrame dónde mi ego está contaminando el ambiente. Enséñame a servir, no a sobresalir."
5. Haz una acción concreta esta semana que demuestre humildad:
   pedir perdón, aceptar ayuda, o escuchar sin interrumpir.

COMPARACIÓN

El veneno silencioso que apaga dones y divide estaciones.

Historia / Metáfora culinaria

En toda cocina hay talento. Pero también hay algo más peligroso que un cuchillo mal afilado: la mirada que se desvía del plato propio para observar el del otro.

Recuerdo una cocinera excelente, disciplinada, creativa, hasta el día en que empezó a obsesionarse con lo que hacía la compañera de la estación de a su lado.

Si la otra picaba más rápido, ella se frustraba. Si la otra recibía un elogio, ella se tensaba. Si la otra inventaba un plato nuevo, ella se paralizaba.

Un día la escuché susurrar, con un tono que ni ella reconoció: "¿Por qué ella siempre puede más, si yo estudié y ella no?"

Ese día no falló el cuchillo, falló el corazón. La comparación le robó algo que antes tenía: gozo, enfoque, y excelencia emocional. No perdió sus habilidades. Ella entregó su todos conscientes o inconscientemente hemos entregado nuestra libertad a la comparación.

Reflexión espiritual

La comparación es un drenaje invisible. No hace ruido, pero agota el alma. Y en la Biblia, aparece una y otra vez como una trampa que roba identidad.

Pablo lo dijo sin rodeos en Gálatas 6:4:

"Cada uno examine su propia obra, y entonces tendrá motivo de gloriarse solo respecto de sí mismo, y no en otro."

Compararte con otros distorsiona tu visión de ti mismo:
- ya no ves tu proceso,
- ya no honras lo que Dios te dio,
- ya no valoras tu estación,
- ya no respetas el tiempo del Gran Chef.

La comparación es también una forma de ingratitud, aunque no lo digas en voz alta pero en tu mente le dices a Dios, con tus pensamientos, que lo que Él puso en tus manos no es suficiente, que él se equivocó.

Por eso Jesús usó la parábola de los talentos para recordarnos:

Dios no reparte iguales... reparte propósito.
Cada estación en la cocina tiene una función;
cada cocinero, un ritmo; cada uno, un fuego distinto.

La comparación te roba la excelencia porque te obliga a cocinar mirando hacia otro lado. Y nadie puede servir un buen plato cuando pierde de vista su propia tabla.

El bocado final

La comparación es una fuga silenciosa: no hace ruido, no te grita, no te golpea... pero te drena. Drena la excelencia, drena el enfoque, drena tu identidad. No ataca las manos, ataca el corazón y los pensamientos y lo hace tan despacio que a veces ni nos damos cuenta de que estamos perdiendo el sabor.

Cuando te comparas, dejas de ver lo que Dios puso en tus manos y empiezas a obsesionarte con lo que puso en las manos de otro. Tu plato pierde intención porque tu mirada ya no está en tu mesa, sino en la estación de que tienes al lado.

La comparación siempre promete inspiración, pero lo que realmente ofrece es ansiedad. Te hace cuestionar tus dones, tus tiempos, tus procesos, como si el Gran Chef se hubiera equivocado al asignarte tu estación.

Pero el Reino no funciona por competencia, funciona por propósito. El Gran Chef nunca te pidió que imitaras a nadie, solo que fueras fiel a lo que Él depositó en ti.

Y cuando dejas de compararte, el alma respira de nuevo. El ambiente se limpia. La excelencia vuelve a fluir. La creatividad regresa. Tu identidad se afirma en Cristo. Porque la comparación no es un problema de talento, es un problema de enfoque. Y cuando tu mirada vuelve a Cristo, a la cruz, donde debe estar, tu vida también regresa a su propósito.

Oración

Gran Chef, enséñame a mirar mi propio plato con gratitud. Limpia mis ojos de la comparación, sana mis inseguridades y muéstrame el valor de lo que Tú pusiste en mis manos. Dame enfoque, contentamiento y excelencia en mi estación. Ayúdame a mantener mi mirada puesta en Cristo. Amén.

Frase sazonada

La comparación apaga dones; la gratitud los enciende.

Receta simbólica: *Enfoque a la carta*

Ingredientes:
- 1 taza de gratitud genuina
- 2 cucharadas de contentamiento
- Un puñado de enfoque personal
- 1 pizca de silencio interior
- Fuego moderado de identidad en Cristo

Preparación:
1. Mezcla la gratitud con el contentamiento hasta que desaparezcan los grumos de envidia.
2. Añade enfoque personal y revuelve con calma.
3. Cocina a fuego lento mientras prácticas silencio interior.
4. Deja reposar en un ambiente de identidad establecida por Dios.

Resultado:
Un corazón enfocado, libre de comparación, capaz de cocinar con excelencia y gozo.

Actividad individual

1. Identifica una persona con quien te comparas sin darte cuenta.
2. Escribe qué aspecto de ti se siente amenazado cuando piensas en ella.
3. Pregunta al Señor:
   "¿Qué has puesto Tú en mis manos que yo no he valorado?"
4. Haz una lista de tus fortalezas reales, no las imaginadas.
5. Realiza una acción esta semana que celebre tu propio proceso:
   un plato nuevo, un proyecto, un aprendizaje...
   algo que solo tú puedes ofrecer.

IMPACIENCIA

Cómo el afán distorsiona decisiones, sabores y relaciones.

Historia / Metáfora culinaria

La impaciencia es un fuego traicionero. A primera vista parece energía, rapidez, "ganas de resolver" pero en una cocina, la impaciencia casi siempre termina siendo en desastre.

En el 2014, trabajé en un hotel famosísimo y muy prestigioso de mi ciudad. Yo trabajaba en el turno de la mañana, encargada del desayuno tipo buffet. Ese mismo mes contrataron a un compañero nuevo: Alex, el cubano. Era talentoso, pero tenía un problema serio: **estaba obsesionado con ser "el más rápido".**

No importaba el plato ni el corte siempre quería demostrar velocidad. Era como si corriera una carrera que nadie más estaba compitiendo.

Una mañana de sábado, el día más ocupado, el hotel lleno a capacidad, y con una fila interminable, decidió, sin permiso, abrir **cuatro** estaciones de omelet en vez de dos. Porque según él, así "avanzaba más".

Y para "agilizar" subió el fuego de un omelet que debía hacerse a fuego lento. *"Así sale más rápido"*, dijo. Pero la cocina no perdona el atajo.

¿El resultado? Quemó el omelet. Quemó el sartén. Y quemó la paciencia del cliente que lo tenía de frente. Para completar, el esfuerzo y el afán le provocaron un dolor en el pecho que lo obligó a salir de la línea de inmediato.

¿Sabes qué? Lo peor no fue el sartén; eso se lava. Lo peor fue el ambiente que quedó detrás: clientes molestos, un chef reorganizando todo a la carrera, y un equipo completo deteniendo la línea, limpiando el desastre y comenzando de nuevo desde cero.

El afán de uno retrasó a todos.

Pero con los años entendí algo todavía más profundo: lo peor de la impaciencia de Alex no fue aquel omelet quemado ni aquel turno caótico.

Lo peor es que esa misma prisa que nunca lo dejaba respirar terminó apagando su vida antes de tiempo.

Y ahí aprendí una lección que jamás he olvidado:

La impaciencia cocina rápido...
pero cocina mal.
Muy mal.

Descansa en paz, Alex!

Reflexión espiritual

La impaciencia no es solo un problema de ritmo; es un problema de confianza. En la Biblia, Dios rara vez trabaja rápido. Él trabaja bien. Y cuando apresuramos el corazón, termina saliéndose del proceso perfecto del Gran Chef.

Por eso el salmista escribió en Salmo 37:7:

"Guarda silencio ante Jehová, y espera en Él."

La impaciencia contamina porque:

- hace que tomemos decisiones antes de tiempo,
- nos roba la paz,
- nos hace abandonar procesos,
- y nos empuja a forzar lo que Dios no ha terminado de cocinar.

Jesús también nos confrontó con esto en Mateo 6:34:

"Bástele a cada día su propio mal."

En otras palabras: **no adelantes lo que solo el tiempo puede madurar.** La impaciencia es una falta de reposo espiritual. Es creer que **mi** calor puede mejorar lo que solo Dios puede hacer a fuego lento.

En la cocina del cielo, la impaciencia no acelera nada. Solo quema lo que Dios quiere perfeccionar.

El bocado final

La impaciencia siempre parece lógica en el momento: "quiero resolver", "quiero terminar", "quiero avanzar". Pero la verdad es que la impaciencia nunca te acerca al propósito; solo te adelanta a un lugar donde Dios todavía no te ha preparado.

Lo que se cocina rápido puede oler bien al principio, pero casi siempre se quema por dentro. Así pasa con nuestras decisiones apresuradas: por fuera parecen efectivas, pero por dentro dejan grietas, pérdidas y cansancio.

La impaciencia nos roba lo más valioso del proceso: el carácter que se forma entre el fuego lento y la espera. Nos hace creer que podemos acelerar lo que Dios diseñó para madurar. Nos convierte en cocineros que suben el fuego para sentir control, sin darse cuenta de que están arruinando lo que estaban llamados a perfeccionar.

Pero cuando dejamos que el Gran Chef marque el ritmo, la vida recupera orden, sabor y paz. Aprendemos que avanzar no siempre es moverse, a veces avanzar es **esperar**.

Porque nada que se cocina fuera de Su tiempo sabrá como Él lo diseñó.

Oración

Gran Chef, enséñame a honrar tu tiempo. Apaga el afán en mi interior, ordena mis pasos, y enséñame a esperar sin perder paz. Refina mi ritmo y ayúdame a confiar en tu proceso perfecto.
Amén.

Frase sazonada

La prisa no acelera resultados; arruina procesos.

Receta simbólica: *Paciencia a fuego bajo*

Ingredientes:

- 1 taza de quietud
- 2 cucharadas de confianza
- 1 puñado de respiración consciente
- Una pizca de silencio
- Fuego bajo de esperanza

Instrucciones:

1. Coloca la quietud en el corazón como base.
2. Añade confianza y mézclala con respiración profunda.
3. Reduce el ruido interno con una pizca de silencio.
4. Cocina a fuego bajo, dejando que Dios marque el ritmo.

Resultado:

Un corazón estable, que no se adelanta al proceso y que aprende a caminar sin quemarse por dentro.

Actividad individual

1. Recuerda una decisión reciente que tomaste por afán.
2. ¿Qué temías que sucediera si esperabas?
3. Escribe tres áreas donde sientes que "Dios está tardando".
4. Ora sobre cada una:
   "Gran Chef, dame tu ritmo."
5. Practica una acción concreta de paciencia esta semana:
   escuchar más, hablar menos, esperar un día antes de responder, o pausar antes de reaccionar.

QUEJA

El sabor amargo que se riega rápido y daña toda la cocina.

Historia / Metáfora culinaria

La queja es como un humo sutil: no lo ves al principio, pero tarde o temprano llena la cocina y todos lo respiran.

En uno de mis trabajos había un compañero con un talento increíble, manejaba su área de la cocina como nadie, pero con un problema constante: **se quejaba de todo**.

Se quejaba del turno. Se quejaba de la línea. Se quejaba del chef. Se quejaba de los compañeros. Se quejaba de los clientes. Y se quejaba *de que había que trabajar.*

Nunca era un grito, nunca era un drama, era solo un murmullo continuo, constante, como una gotera que no deja dormir. Un día entró al turno desde temprano con esa misma actitud. Se le cayó una toalla y dijo: "Siempre me pasa a mi..." La comanda sonó y murmuró: "¿En serio? ¡Qué mucho piden hoy, porque no cocinan!" Un compañero le pidió ayuda y respondió bajito: "Esto es un abuso..."

Y aunque nadie lo confrontó, todos lo escuchábamos. A mitad del servicio me di cuenta de algo: nadie quería estar cerca de él. No porque fuera mal trabajador, sino porque **su queja robaba la paz**.

Los demás comenzaron a tensarse, a equivocarse más, a moverse más lentos. Era como si sus palabras hubieran ido apagando el ánimo de toda la línea. No hubo gritos. No hubo discusiones. No hubo drama. Pero sí había algo muy claro: **la queja de uno terminó contaminando a todos.** El ambiente de trabajo se sentía pesado y el buen ánimo se acabó y todos terminamos el día sin la alegría peculiar del grupo de por la tarde.

Meditando en ese día aprendí que en una cocina, como en la vida, la queja no se queda dónde empieza. Se riega. Y lo que se riega, afecta, contamina.

Reflexión espiritual

En la Biblia, la queja nunca es tratada como un detalle pequeño; es vista como un **cáncer interno** que mata gozo, esperanza y visión.

El pueblo de Israel vio milagros, provisión, agua en el desierto y aun así se quejó constantemente. ¿Y cuál fue el resultado? **No pudieron entrar en la tierra prometida.**

Pablo lo resume así en Filipenses 2:14:

"Hagan todo sin murmuraciones ni contiendas."

La queja no es una opinión. Es un **desalineamiento del corazón**. Es decirle a Dios: "Esto no es suficiente. Esta gente no es suficiente. Este día no es suficiente." Y así, sin darnos cuenta, apagamos la gracia y encendemos un ambiente pesado.

La queja también ciega. Cuando te llenas de ella: no ves bendiciones, no ves las soluciones, no ves el propósito, no ves a Dios en lo cotidiano.

Por eso la Biblia también nos dice en Mateo 12:34:

"De la abundancia del corazón habla la boca."

La queja es una radiografía del alma. Lo que sale por la boca revela lo que está pasando dentro. En la cocina del cielo, la queja no envenena platos, **envenena nuestros corazones.**

El bocado final

La queja parece pequeña cuando sale de la boca, pero grande es el efecto que deja en el ambiente. Entra suave, como un susurro, pero termina afectando ritmos, ánimos y corazones.

La queja no destruye de golpe, corroe lentamente. Se mete entre el humo, en los silencios, en las miradas cansadas, y sin darnos cuenta convierte un lugar de trabajo en un lugar de peso, de desanimo.

Lo más peligroso es que la queja siempre se disfraza de "derecho": "tengo razón para quejarme", "me lo merezco", "solo estoy diciendo lo que pienso". Pero lo que pensamos sin filtrar se vuelve lo que sembramos sin medir. Y cada semilla de queja que sembramos en el ambiente produce cansancio, división y desánimo.

Por eso la queja no es un simple hábito; es un indicio de que el corazón perdió enfoque. Porque cuando los ojos están puestos en el Gran Chef, hasta lo difícil tiene sentido, hasta lo cansado tiene propósito y hasta lo rutinario tiene gracia.

La queja envenena. La gratitud purifica. Y el corazón que aprende a agradecer, aprende a ver a Dios incluso en los días que parecen simples.

Oración

Gran Chef, gracias por tu infinito amor, gracias por el perdón que me das cada vez que me vuelvo a quejar. Te ruego que limpies mi corazón de la queja. Ayúdame cada día a ver tus bondades en lo cotidiano y a servir sin murmurar. Purifica mis pensamientos y mis palabras. Pon guarda en mis labios y que el Espíritu Santo me ayude cada día. Haz de mí alguien que trae paz, no quejas.
Amén.

Frase sazonada

La queja amarga el ambiente; la gratitud lo sana.

Receta simbólica: *Gratitud al instante*

Ingredientes:

- 1 taza de gratitud consciente
- 2 cucharadas de enfoque en lo bueno
- Una pizca de aceptación
- Bondades del día anotadas
- Identidad anclada en Cristo

Preparación:

1. Mezcla la gratitud con la aceptación hasta que el corazón recupere perspectiva.
2. Añade enfoque en lo bueno y permite que las pequeñas bondades del día te devuelvan claridad.
3. Descansa tu identidad en Cristo y deja que Él transforme tus palabras desde adentro.

Resultado:

Un ambiente más liviano, un corazón menos cargado y una boca que edifica en vez de envenenar.

Actividad individual

1. Identifica tres quejas que repitas sin darte cuenta.
2. Escribe qué emoción realmente está detrás de cada una.
3. Cambia cada queja por una declaración de gratitud.
4. Pregunta al Señor:
   "¿Qué parte de mi corazón necesita sanar para que yo deje de quejarme?"
5. Practica una acción de gratitud consciente hoy mismo:
   agradecer a alguien, reconocer algo bueno o bendecir tu ambiente.

CONTROL

El control apaga ideas, frena dones y asfixia el ambiente.

Historia / Metáfora Culinaria

El área de repostería siempre me ha parecido un mundo aparte dentro de la cocina: silencioso, preciso, medido al milímetro, casi científico. Pero un día descubrí que hay algo más destructivo que un pastel mal horneado: **un líder obsesionado con controlarlo todo.**

Trabajé con una repostera famosa por su frase favorita: *"si no se hace exactamente como yo digo, está mal."* Y no lo decía una vez, lo repetía cada hora, cada día, cada turno.

Era una especialista en micro-management. Se paraba detrás de ti mientras batías, corregía la manera en que sostenías la espátula, te cuestionaba por qué movías el bowl, y si el glaseado no caía con la misma inclinación que el suyo, te hacía repetirlo aunque estuviera perfecto, según su criterio.

Un día me asignó decorar cupcakes para un evento grande. Yo tenía una idea hermosa, creativa, delicada. Pero antes de que tocara una manga, ella dijo: *No, no lo hagas así. Hazlo como los míos. No inventes.* Y se quedó parada justo detrás de mí. Respirándome en la nuca. Corrigiendo cada movimiento. *No presiones tanto. Más lento. Más rápido. No mires para allá. Estás haciendo lo que no te dije.*

Llegó un momento en que mis manos comenzaron a temblar. No por miedo a equivocarme, sino por la tensión de intentar hacer algo sin alma, sin creatividad, sin espacio para aportar nada propio.

Cuando terminé la primera docena, ella dijo: *¿Ves? Si sigues mis instrucciones, no dañas el trabajo.* Pero la verdad era otra. Yo no había dañado el trabajo; *ella había dañado el ambiente.*

El equipo estaba apagado. Nadie hablaba. Nadie proponía nada. Todos hacían exactamente lo que ella decía pero nadie estaba creciendo, nadie estaba disfrutando, nadie estaba creando.

En esa temporada aprendí que el control no forma, **sofoca.** Que el micro-management no corrige, **limita** a los que estamos debajo. Y que cuando alguien a cargo controla cada detalle, lo que realmente está diciendo es: *"No confío en ustedes."* Y eso pesa más que cualquier manga pastelera mal apretada.

Reflexión espiritual

El control es una ilusión que desgasta. La Biblia muestra cómo Dios actúa de una forma completamente diferente: Él guía, sí... pero también **confía**, **capacita**, **llama**, **libera**. **Delegar** es parte de Su carácter.

Cuando alguien controla de más, habla más duro que las palabras y revela una raíz profunda: miedo, inseguridad, desconfianza, necesidad de validación, trauma no sanado, o un concepto equivocado de liderazgo.

Dios no trabaja así. El control es un ladrón silencioso. No entra gritando, no entra tirando puertas, entra disfrazado de "excelencia", de "orden" o de "así se hacen las cosas". Pero en su raíz, el control no tiene que ver con estructura; tiene que ver con **miedo**.

La Biblia revela a un Dios que dirige, sí, pero que no necesita controlar cada movimiento de Sus hijos para lograr Su propósito. Él da dirección, pero también da **espacio**. Da instrucciones, pero también da **libertad**. Da diseño, pero también confía en que la obediencia produce fruto.

Por eso está escrito en 2 Corintios 3:17:

"Donde está el Espíritu del Señor, allí hay libertad."

La libertad de Dios, no asfixia. Dios no está micro-management veinticuatro siete. Él no nos vigilancia constante para controlarnos. Dios no está detrás de ti corrigiendo cada detalle, observando cómo sostienes la espátula de tu vida, ni diciéndote a cada segundo: "Así no. Hazlo como yo digo. No inventes." Eso no es dirección divina. Eso es trauma humano. Y aquí está la verdad que nadie dice: *El control no habla del equipo. El control habla del corazón del que controla.*

Cuando alguien necesita vigilar cada cosa, no está mostrando excelencia, está mostrando inseguridad. No está formando, está escondiendo heridas. No está corrigiendo, está tratando de evitar que lo superen, que lo cuestionen, o que lo abandonen.

El control habla, muy alto en nuestro interior.
Dice "tengo miedo a fallar",
Dice "si no lo hago yo, algo saldrá mal",
Dice "no confío en nadie",
Y, más profundo aún: confiesa "no confío en Dios lo suficiente como para soltar".

Por eso Jesús marca un contraste tan claro cuando dice en Mateo 11:30:

"Mi yugo es fácil y ligera mi carga."

El control pone cargas pesadas. Cristo las aligera. El control exige perfección. Cristo forma el carácter. El control, asfixia. Cristo, libera. Y donde hay control excesivo, la libertad del Espíritu Santo no puede fluir, la creatividad se apaga, y el ambiente pierde aire.

En la cocina del cielo, el liderazgo no se demuestra por cuánto controla, sino por cuánto **confía**. Porque el Gran Chef nunca te quita la respiración para enseñarte. Te da espacio para crecer, equivocarte, aprender y florecer.

El control no revela quién eres tú. **Revela quién es Él por dentro.** Y la sanidad de un corazón controlador cambia el ambiente completo.

El bocado final

El control siempre promete orden, pero produce agotamiento. Te promete excelencia, pero apaga la creatividad. Promete seguridad, pero termina siembra miedo.

Y esto es clave: el control no habla del equipo, **habla del corazón del que controla.**

No revela capacidad, revela inseguridad.
No demuestra excelencia, evidencia miedo a soltar.
No corrige detalles: esconde heridas que nunca sanaron.

El control no nace de la confianza, sino del temor.
Temor a ceder el espacio.
Temor a que otros también sea buenos.
Temor a no sentirse necesario.

Nadie florece bajo el micro-management.
Nadie crece donde no puede aportar.
Nadie brilla donde respirar se siente como pedir permiso.

La grandeza de un líder no se mide por cuánto vigila, sino por cuánto confía.

Y en la cocina del cielo, el Gran Chef no controla: forma.
No asfixia: capacita.
No encierra: envía.

Cuando el corazón sana, el control cae, la confianza nace y el ambiente por fin respira.

Oración

Gran Chef, gracias por la libertad que me das en Jesús, Sana cada área de mi vida donde necesito soltar el control. Ayúdame cada día a librarme del deseo de controlar lo que no me corresponde. Enséñame a confiar, a delegar, a soltar. Sana las áreas donde mi corazón aún tiene miedo y dame la gracia de formar sin asfixiar. Quiero liderar como Tú: con verdad, paciencia y libertad.
Amén.

Frase sazonada

El control no revela al equipo; revela al controlador.

Receta simbólica: *Confianza al horno*

Ingredientes:
- 1 taza de humildad verdadera
- 2 cucharadas de confianza en Dios
- Un puñado de descanso interior
- Perspectiva corregida por el Espíritu Santo
- Libertad para permitir que otros aporten
- Gracia para soltar el miedo al error

Preparación:
1. Combina la humildad con la confianza hasta que el corazón deje de apretar lo que no le pertenece.
2. Añade descanso interno y deja que Dios te muestre dónde tu necesidad de controlar está enraizada en temor.
3. Mezcla la perspectiva corregida con la libertad de permitir que otros brillen, aporten y creen.
4. Permite que el Gran Chef hornee tu carácter a un ritmo estable, sin afanes ni micro-management interno.

Resultado:

Un corazón que lidera sin asfixiar, un ambiente donde la creatividad florece, y un equipo que respira, aporta y crece bajo un liderazgo sano.

Actividad individual:

Control que se suelta

1. **Identifica tres áreas** donde sientes que necesitas controlarlo todo
   (casa, trabajo, ministerio, familia, relación, proyecto, etc.).
2. **Escribe qué emoción está detrás del control en cada una:**
   miedo, inseguridad, trauma, necesidad de aprobación, perfeccionismo, desconfianza, etc.
3. **Haz esta pregunta al Señor:**
   "Gran Chef, ¿qué estoy tratando de evitar o esconder cuando controlo?"
4. **Elige una cosa concreta** que puedas delegar esta semana.
   No algo enorme, algo realista que te permita practicar confiar.
5. **Suelta una instrucción.**
   Deja que otra persona haga algo a su manera sin corregir, sin vigilar y sin micro-gestionar.
6. **Escribe cómo te sentiste al soltar un poco de control.**
   (Sé honesto: ¿se sintió raro, liberador, incómodo, desafiante, en paz?)
7. **Ora al final del día:**
   "Señor, enséñame a soltar lo que no me corresponde y a confiar en lo que Tú haces mientras yo descanso."

PASIVIDAD

La pasividad puede ser más destructiva que el error.

Historia / Metáfora culinaria

En una cocina, siempre hay mucho por hacer: limpiar, picar, mover, montar, revisar, reponer, observar, preparar, anticipar.
Es un lugar donde la inactividad es ruido, no silencio.

Recuerdo haber trabajado con un cocinero que nunca hacía nada "mal" pero tampoco hacía nada "bien". Era experto en **evadir responsabilidad**es:

Si había que picar cebolla, esperaba a que otro lo hiciera. Si había que limpiar la línea, se hacía el ocupado. Si caía una comanda grande, se movía lento para no "tener que cogerla". Y cuando algo se complicaba, él siempre terminaba "buscando algo en el almacén".

Lo más frustrante no eran sus errores porque casi no cometía. Lo frustrante era su **ausencia disfrazada de presencia**. Una habilidad natural de estar sin estar. Ver sin ayudar. Respirar sin aportar. Un día, en un servicio pesado, faltó personal y todos nos movimos el doble. Todos, menos él. Lo llamábamos y decía: *"Ahora voy."* Pero ese "ahora" nunca llegaba.

En una de las comandas, faltaba un detalle sencillo que él podía hacer en unos segunditos, pero se quedó mirando como si esa tarea no fuera parte de su trabajo. Esa pequeña pasividad retrasó la salida del plato, lo que retrasó la mesa, lo que retrasó al mesero, lo que retrasó el flujo completo.

Y ahí lo entendí esto que llevo grabado en mi corazón, **en una cocina, la pasividad estorba más que un error.** Porque un error lo corriges y aprendes. Sin embargo, la pasividad de otros te obliga a cargar el doble "porque el otro no quiere" o "no le da la gana".

Reflexión espiritual

La pasividad es peligrosa porque no la confrontamos y no la confrontamos porque **la confundimos**. La pasividad rara vez dice: "No quiero hacer nada." No, es más sutil. Se disfraza de cosas más aceptables: timidez, introversión, cansancio, "así soy yo", inseguridad, miedo a hacerlo mal, evitar conflicto, "mejor que otro lo haga".

La timidez es un rasgo de la personalidad. La pasividad es una decisión. Y cuando mezclamos ambas, justificamos lo que Dios sí nos asignó mover. La pasividad incluso se disfraza de espiritualidad, cuando decimos cosas como: "Estoy esperando en Dios." Pero muchas veces la persona no está **esperando**, está **evadiendo**.

En la Biblia, la pasividad aparece con claridad en la parábola de los talentos. El siervo que recibió uno no robó, no destruyó, no dañó, simplemente **no hizo nada,** como queda registrado en Mateo 25:18:

"Pero el que había recibido uno fue y cavó en la tierra, y escondió el dinero de su señor."
¿Qué lo llevó a eso? El mismo lo responde en Mateo 25:25:

"Tuve miedo... y escondí tu talento."

Su pasividad no nació de la falta de capacidad, sino de sentir **miedo**, inseguridad y de evadir asumir un riesgo. Y en Mateo 25:26 vemos como el Señor lo confrontó con palabras fuertes:

"Siervo malo y negligente."

La pasividad no es neutral; es negligencia espiritual. Es dejar enterrado lo que Dios nos confió. Pero la verdad más incómoda es esta: **La pasividad de uno siempre carga a otro**. Lo que uno no hace, alguien más lo termina haciendo. Y ese "alguien más" casi siempre termina: agotado, quemado, frustrado, cargando el doble, confundido por la falta de apoyo, y desalineado del gozo del servicio.

La pasividad no solo es falta de acción; es **falta de compromiso**. Es una desconexión con el propósito, con la visión, con el equipo y, más profundo aún, con Dios. Porque cuando no te alineas con la visión, el peso de la visión cae sobre los pocos que sí lo están.

Jesús en Mateo 25:29, cierra esa parábola con un principio contundente:

"Al que no tiene, aun lo que tiene le será quitado."

La pasividad termina quitando oportunidades, cerrando puertas y estancando el crecimiento. Porque Dios no bendice manos cruzadas. Dios bendice **manos dispuestas**. La pasividad no revela falta de habilidad; **revela falta de disposición, falta de compromiso y falta de alineamiento**.

Y cuando Dios despierta el corazón, la pasividad cae y el propósito avanza.

El bocado final

La pasividad parece inofensiva porque no hace ruido, pero su impacto es profundo. No destruye de frente, pero desgasta por detrás. No grita, pero impide. No hiere con palabras, pero lastima con ausencia.

Lo más peligroso de la pasividad es que aparenta "paz", cuando en realidad está evadiendo. La pasividad obliga a otros a cargar lo que tú no quieres cargar. Es dejar tareas a medias, responsabilidades sin asumir, y oportunidades sin honrar.

Porque en la cocina del cielo, Dios no pide perfección, pero sí pide entrega. No pide velocidad, pero sí pide intención. Y no pide que lo hagamos todo, pero sí pide que hagamos lo que nos toca. La pasividad estorba más que un fallo, porque donde no hay acción, no hay avance. Y un corazón pasivo no está esperando... está *evadiendo*.

Oración

Gran Chef, gracias por tus misericordias cada día. Te ruego que me despiertes en cada área donde me he vuelto pasivo. Saca de mí la apatía, el miedo y la comodidad. Pon disposición en mis manos y diligencia en mi espíritu. Enséñame a servir con intención y a moverme cuando Tú hablas.
Amén.

Frase sazonada

La pasividad no evita problemas; posterga el propósitos.

Receta simbólica: *Disposición en movimiento*

Ingredientes:
- 1 taza de intención verdadera
- 2 cucharadas de diligencia
- Un puñado de valentía para actuar
- Perspectiva renovada en Cristo
- Disposición para servir sin ser llamado

Preparación:
1. Une la intención con la diligencia hasta que desaparezcan los grumos de apatía.
2. Añade valentía para actuar y permite que la perspectiva de Cristo te impulse.
3. Deja que la disposición despierte en ti el deseo de aportar aun en cosas pequeñas.

Resultado:
Un corazón activo, dispuesto y listo para servir sin retrasar el propósito.

Actividad individual

1. Identifica un área donde has estado pasiva/o sin darte cuenta.
2. Escribe qué te detiene: ¿miedo, cansancio, comodidad, inseguridad?
3. Pregunta al Señor:
   "¿Qué asignación estoy dejando a medias por pasividad?"
4. Toma una acción pequeña hoy mismo: algo que habías pospuesto.
5. Comprométete a asumir una responsabilidad concreta esta semana.
6. Ora al final del día:
   "Señor, mueve mi espíritu y enseñarme a caminar con diligencia."

ENVIDIA

Desear lo que Dios depositó en otro también es envidia.

Historia / Metáfora culinaria

En la cocina siempre que hay alguien que sobresale. No es por fuerza. No es por el talento técnico. Tampoco son los años de experiencia. Sino por algo más profundo: **carisma, humildad, brillo interno, gracia para trabajar con otros.**

Una vez trabajé con una cocinera que tenía *todo* para sentirse segura. Mejor salario que todos, turnos fijos, no tenía que rotar turnos, una posición respetada y acceso a todos los recursos. Nada le faltaba, dentro de la cocina y fuera de ella. Podríamos decir que tenía la vida que muchos quisieran tener.

Pero había otra compañera, más sencilla, más nueva, haciendo su práctica de cocina, sin casi nada de experiencia y muy reservada, talvez era tímida, que tenía algo que la primera no podía comprar: todos en la cocina la ayudaban, la seguían, querían trabajar con ella, que se reían con ella y fluían con ella. Ella tiene lo que yo llame un espíritu apacible y se podía ver a través de sus ojos hermosos.

La primera tenía "mejor vida", pero la segunda tenía **mejor alma**.

Y eso la otra no lo soportaba. Una tarde, mientras armábamos la línea antes del servicio, la cocinera "acomodada" dijo en voz baja, pero con veneno claro, pero fuerte para que la escucharán:

Hay no entiendo por qué todos la buscan a ella si yo soy la que realmente sabe cocinar, a ella hay que explicarle hasta como cortar."

Pero la verdad era evidente: no envidiaba la técnica, la chica era nueva, aún estaba aprendiendo, lo que si **envidiaba el corazón.** No envidiaba el puesto, pues era inferior al de ella, **envidiaba la gracia que la muchacha cargaba.** No envidiaba la vida de afuera, **envidiaba la luz de adentro** que se reflejaba en el trato con todos.

Esa envidia comenzó a contaminarlo todo. Le daba instrucciones duras. Ignoraba todo lo bueno que la nueva hacía. Saboteaba ideas sutilmente. Y en una ocasión, movió ingredientes a propósito para que la otra fallara.

Lo que ella no sabía es que el chef ejecutivo, que observaba más de lo que hablaba, la llamó aparte:

"¿Tienes algún problema con la nueva? Porque al parecer le tienes envidia. Estas en una mejor posición que ella, cambia tu actitud hacia ella. Ella ni siquiera cobra, es una estudiante. Pero te digo lo que te molesta es su luz y lo fácil que es tratar con ella. Y eso que ella carga no se enseña. Se cultiva. Y tú no puedes cultivar nada desde un corazón amargo. Déjala en paz."

Salió de la oficina en silencio. Pero se le quebró la mirada. Le pidió perdón por sus actitudes y la ignoro por el resto de la práctica de la muchacha.

Ese día aprendí algo que aún siento como golpe de calor:

La envidia no nace de la escasez de recursos, nace de la escasez de identidad. La persona que envidia no quiere lo que tú tienes. Quiere quien tú eres.

Reflexión espiritual

La envidia es un veneno silencioso. No destruye de golpe. Pero desgasta por dentro.

La Biblia es directa en Proverbios 14:30:

"La envidia es carcoma de los huesos."

También en Santiago 3:16 nos dice con claridad:

"Donde hay celos y contención, allí hay confusión y toda obra perversa."

Envidia es sentir que **otro ocupa un lugar que tú crees que te pertenece.** Es vivir midiendo la vida ajena en lugar de cultivar y vivir la propia.

La envidia surge cuando: confundes éxito con identidad. Piensas que Dios repartió dones injustamente. Crees que el favor de otro es tu pérdida. Sientes que no eres suficiente. Vives esperando aplausos en vez de propósito. No has reconocido el valor del diseño que Dios puso en ti.

El problema de la envidia no es el otro, **es el espejo roto del corazón propio.**

En la Cocina del Gran Chef, la envidia te desconecta del propósito. Te roba la creatividad. Te resta el enfoque. Te quita el gozo. Y sobre todo, te aleja de lo más importante: **tu propia asignación.**

Porque Dios nunca te pedirá cuentas por el don de otro. Solo te pedirá cuentas por lo que Él puso en tus manos.

Oración

Gran Chef, limpia mi corazón de toda mirada torcida. Sana cualquier área donde he sentido que no soy suficiente. Muéstrame el valor de lo que Tú has confiado en mí y dame contentamiento con mi porción. Recuérdame que tú eres mi porción. Quita de mí cualquier raíz de envidia y reemplázala con gratitud, humildad y honra. Hazme celebrar el éxito de otros sin sentir que pierdo algo.
Amén.

El bocado final

La envidia te hace olvidar tu mesa por mirar el plato ajeno. Te roba la paz que ya te pertenece. Te convence de que eres menos, cuando en realidad solo estás desenfocado.

La envidia apaga. La identidad en Cristo ilumina. Quien sabe quién es en Cristo, no compite. No se compara. No se amarga. Sabe celebrar.

Frase sazonada

"La envidia nace donde la identidad no ha madurado."

Receta simbólica — *Envidia desmenuzada*

Ingredientes:
- 1 taza de sinceridad interior
- ½ taza de gratitud diaria
- 1 cucharada de celebración ajena
- 1 pizca de humildad
- Fuego bajo del Espíritu Santo

Preparación:
1. Coloca la sinceridad interior delante de Dios y reconoce sin excusas cualquier comparación o resentimiento oculto.
2. Añade la gratitud diaria, enfocándote intencionalmente en lo que Dios ya ha puesto en tus manos.
3. Incorpora la celebración ajena como un acto consciente de honra, aun cuando el corazón necesite ser entrenado.
4. Agrega una pizca de humildad, aceptando que cada diseño, tiempo y llamado es distinto.
5. Cocina todo a fuego bajo del Espíritu Santo, permitiendo que Él sane la identidad y apague la envidia desde la raíz.

Resultado:
Un corazón que deja de desear lo que no le toca, y comienza a florecer con lo que Dios sí puso en sus manos.

Actividad individual

1. Identifica una persona a quien te ha costado celebrar genuinamente.
2. Escribe qué exactamente envidias: ¿su carisma? ¿su favor? ¿su posición? ¿su historia?
3. Haz una lista de **lo que Dios sí ha puesto en ti**.
4. Ora por el éxito de esa persona durante toda una semana.
5. Escribe una acción práctica donde puedas honrar a alguien sin esperar reconocimiento.

ANTES QUE LA GRASA ARDA

Hasta aquí hemos hablado de actitudes que contaminan la cocina interna. No para señalar ni avergonzar, sino para revelar.

Porque nada se transforma sin ser reconocido, y nada se sana mientras se niega.

La envidia, la pasividad, el control, la queja, la impaciencia, la comparación y la soberbia no aparecen de la nada. Son síntomas. Señales de un corazón cansado, herido o desconectado de su verdadera identidad.

En la Cocina del Cielo, el Gran Chef no expone para humillar. Expone para limpiar. No confronta para destruir, sino para preparar el terreno.

Pero identificar lo que contamina **no es el final del proceso.** Es apenas el inicio.

Porque entre reconocer lo que debe salir y aprender lo que debe permanecer, hay un paso que no se puede omitir: **la entrega**.

Hay cosas que no se corrigen con disciplina ni se sustituyen con buenas intenciones. Hay cosas que no se ajustan. **Se entregan.**

Por eso, antes de hablar de actitudes que elevan, es necesario detenerse. No para analizar más, sino para soltar. No para justificarse, sino para rendirse.

GRASA DEL CORDERO

No todo se corrige; hay cosas que se entregan al fuego.

Historia / Metáfora culinaria

En la cocina profesional, la grasa casi siempre se descarta. Se recorta. Se separa. Se tira. No se presume, no se luce, no se sirve como protagonista.

Para muchos, la grasa es exceso. Algo que estorba. Algo que no aporta estética ni rapidez al proceso.

Pero en la Biblia, la grasa del cordero tenía un valor completamente distinto.
No se comía.
No se compartía.
No se reutilizaba.

La grasa se quemaba por completo en el altar.
Era exclusiva para Dios.

Y ahí comienza la incomodidad.

Porque lo que el ser humano menosprecia, Dios lo reclama. Y lo que Dios reclama como suyo **no está sujeto a negociación**. En la cocina del cielo, la grasa no es un error del animal. Es la porción que revela el corazón del que ofrece.

No porque Dios necesite grasa, sino porque el fuego revela qué estamos dispuestos a soltar cuando nadie nos aplaude, cuando no hay beneficio visible, cuando no queda nada para recuperar.

La grasa es lo que no se entiende, pero se entrega.

Reflexión espiritual

Este principio no aparece una sola vez ni de manera aislada. Dios lo estableció claramente en Levítico 3:16

"Toda la grasa es de Jehová."

Números 18:17, lo afirma nuevamente. Cuando en pleno desierto, el pueblo de Israel caminaba cansado, aprendiendo a vivir en proceso, Dios vuelve a decirlo con la misma firmeza:

"Quemarás su grasa como ofrenda encendida para olor grato a Jehová."

No dice "cuando puedas".
No dice "si te sobra".
No dice "según cómo te sientas".

Dice: **quemarás**.

La grasa representaba lo mejor del sacrificio: la reserva de vida, la energía acumulada, lo más rico, lo más costoso.

Y Dios dijo: **eso es mío.**

Aquí hay una verdad incómoda que atraviesa generaciones: muchas veces le damos a Dios lo correcto, pero nos quedamos con lo mejor.

Le damos tiempo, pero no el más productivo.
Le damos servicio, pero no el que nos cuesta.
Le damos obediencia parcial, pero retenemos la grasa.

La grasa del cordero confronta una actitud profunda y peligrosa: la apropiación de lo sagrado.

Cuando creemos que, por haber trabajado, sufrido o servido, tenemos derecho a quedarnos con lo que Dios reclama.

Pero en la cocina del cielo, lo que no se entrega primero, contamina después.

El bocado final

La grasa del cordero no se ajusta; se quema.
No se racionaliza; se rinde.
No se negocia; se entrega.

Este es el punto de transición que muchos evitan.

Antes de formar actitudes que elevan, Dios no pregunta qué sabes, te pregunta qué estás reteniendo.

Porque no se puede aprender con el puño cerrado. No se puede rendir quien aún negocia. No se puede crecer cargando lo que debía quedarse en el altar.

La grasa es eso que cuesta soltar:
el control,
la razón,
el reconocimiento,
la versión propia,
el "yo me lo gané".

Y hasta que eso no se quema, el corazón no queda listo
para ser formado.

Oración

Gran Chef, hoy reconozco que he retenido cosas que no
me pertenecen. He guardado grasa que era tuya. Te
entrego lo mejor, no lo que me sobra. Quemo en tu altar
todo derecho que creo tener sobre lo que Tú reclamas.
Limpia mi corazón, alinea mis intenciones y prepárame
para el proceso que sigue.
Amén.

Frase sazonada

La grasa no se negocia. El altar no acepta términos.

Receta simbólica — *Grasa entregada al fuego*

Ingredientes:
1 porción de lo mejor que tienes
1 decisión consciente de soltar
Un corazón dispuesto
Fuego encendido del Espíritu Santo

Preparación:
Identifica qué has estado reteniendo como "tuyo".
Colócalo voluntariamente en el altar, sin excusas ni reservas.
Permite que el fuego lo consuma por completo.
No intentes rescatarlo.
No lo ajustes.
No lo justifiques.

Resultado:
Un corazón liviano, un altar limpio, y un espíritu listo para ser enseñado.

Actividad individual

1. Escribe qué representa hoy **la grasa del cordero** en tu vida.
   ¿Qué es lo mejor que te cuesta entregar?
2. Respóndete con honestidad:
   ¿Lo has ofrecido... o lo has retenido?
3. Ora en voz alta:
   "Señor, esto no me pertenece. Te lo entrego."
4. Guarda silencio unos minutos.
   Ahí comienza la transición.

CORAZÓN DESPUÉS DEL FUEGO

Después de entregar lo que no se negocia, el corazón queda dispuesto a aprender.

Identificar lo que contamina no es suficiente. Ni siquiera soltarlo lo es. Un corazón no queda vacío cuando se limpia; queda disponible para ser formado.

Las actitudes que elevan no son perfección espiritual ni ideales inalcanzables. Son posturas del alma que se cultivan en lo cotidiano: obediencia sencilla, disponibilidad silenciosa, humildad práctica y rendición real.

No se trata de acumular virtudes, sino de permitir que las correctas echen raíz.

Si las actitudes que contaminan apagan el fuego,
las que elevan lo avivan sin destruir.

Aquí comienza una nueva etapa del proceso. No para negar lo expuesto, sino para caminar hacia la transformación.

Porque en la Cocina del Cielo no solo se limpia. Se eleva, se transforma y se redime.

Y el mismo Dios que señala lo que debe salir es quien deposita, con cuidado, lo que debe quedarse.

ACTITUDES QUE ELEVAN

ACTITUDES QUE ELEVAN

Antes del fuego, el corazón aprende a soltar.
Después del fuego, aprende a **sostener**.

Lo que fue rendido no queda vacío. Queda preparado. Porque Dios no limpia el corazón para dejarlo en pausa, sino para habitarlo con actitudes que sostengan lo que viene.

Las actitudes que elevan no nacen del esfuerzo humano, sino de un corazón que ya pasó por el altar y ahora puede vivir desde una identidad alineada.

Aquí no hablamos de perfección, hablamos de **dirección**.

ENSEÑABILIDAD

El corazón que deja de aprender se endurece.

Historia / Metáfora Culinaria

En cocina, el peor cocinero no es el que no sabe. Es el que **cree que ya aprendió suficiente**. Trabajé con personas con años de experiencia que no aceptaban corrección, y con otros más nuevos que preguntaban, observaban y escuchaban con hambre real.

Curiosamente, los segundos crecían más rápido.

Recuerdo una vez que un chef corrigió la técnica de un plato frente a todos. Algunos se tensaron. Otros se defendieron. Pero uno solo dijo: *"Enséñame otra vez."* Ese día no fue humillado. Fue promovido semanas después.

Ahí entendí algo esencial: **la cocina no premia al que sabe más, sino al que está dispuesto a aprender y a renovarse siempre.**

Reflexión espiritual

La enseñabilidad no es ignorancia. Es **humildad activa**. La Biblia lo afirma claramente en Proverbios 1:5

"El sabio oye y aumenta el saber."

Lo confirma también en Santiago 4:6

"Dios resiste a los soberbios, y da gracia a los humildes."

Un corazón enseñable, es aquel que escucha sin defenderse, recibe corrección sin ofenderse, aprende sin compararse, entiende que crecer implica desaprender. La falta de enseñabilidad endurece el corazón. La enseñabilidad lo mantiene vivo, flexible y en crecimiento.

En la Cocina del Gran Chef, quien deja de aprender, empieza a estorbar.

Oración

Gran Chef, dame un corazón enseñable. Líbrame de creer que ya sé suficiente. Ayúdame a recibir corrección sin orgullo y dirección sin resistencia. Quiero aprender de Ti, de otros y del proceso.
Amén.

El bocado final

El que cree que ya lo sabe todo se queda detenido en el punto exacto donde su orgullo decidió parar. Cuando un corazón se cierra, el crecimiento se interrumpe, no porque falte capacidad, sino porque sobra resistencia.

La Biblia nos muestra un ejemplo claro en **Jonás**. Jonás no carecía de llamado ni de revelación. Dios le habló, él entendió y finalmente obedeció. Pero su corazón permaneció cerrado. No estaba dispuesto a aprender algo nuevo sobre el carácter de Dios. Obedeció la instrucción, pero resistió el proceso.

Jonás sabía profetizar, pero no sabía ajustarse. Escuchaba a Dios, pero no quería ser formado. Cumplió la orden, pero no permitió que su interior fuera transformado. Y ahí está la advertencia: no todo el que obedece está enseñable, y no todo el que escucha está dispuesto a cambiar.

En contraste, el corazón enseñable permanece en movimiento. Escucha, ajusta, desaprende y vuelve a aprender. No se defiende; se deja trabajar. No se endurece; se expande.

Dios no deposita revelación nueva en corazones cerrados, sino en aquellos que se mantienen humildes, sensibles y dispuestos a seguir siendo formados. Porque en la Cocina del Gran Chef, el aprendizaje no termina cuando sabes hacer el plato, sino cuando estás dispuesto a rehacerlo cuantas veces sea necesario.

Frase sazonada

"La humildad aprende; el orgullo se estanca."

Receta simbólica — *Corazón enseñable*

Ingredientes:
- 1 taza de humildad
- ½ taza de escucha
- 1 cucharada de corrección bien recibida
- Fuego bajo de paciencia

Preparación:
1. Comienza con la humildad, reconociendo que siempre hay algo nuevo que aprender, aun cuando tengas experiencia o conocimiento.
2. Añade la escucha con intención, prestando atención sin interrumpir ni preparar respuestas defensivas.
3. Incorpora la corrección bien recibida, aceptándola sin justificarte y permitiendo que forme carácter.
4. Cocina todo a fuego bajo de paciencia, dejando que el proceso madure sin prisa ni resistencia.

Resultado:
Un corazón flexible, útil y en constante crecimiento.

Actividad individual

1. Identifica una corrección que te haya costado recibir.
2. Pregúntate qué defendías realmente: ¿tu ego o tu identidad?
3. Escribe qué puedes aprender hoy de alguien que no esperabas.
4. Practica esta semana escuchar sin interrumpir ni justificarte.

RENDICIÓN

Soltar el control es confiar el proceso al Gran Chef.

Historia / Metáfora Culinaria

En cocina, hay un momento crítico que muchos odian: cuando el chef prueba tu preparación y te dice que hay que **volver a empezar**.

Recuerdo en una ocasión, haciendo mi práctica, en la que una receta llevaba tiempo, técnica y que presenté con mucho orgullo. El plato estaba "bien". No estaba malo. Pero no era lo que el menú pedía.

El chef miró el plato, respiró y ordenó: *"Esto no es lo que buscamos. Hay que hacerlo otra vez."*

La reacción natural fue resistencia interna: *"Pero ya trabajé esto." "Está bueno." "Podemos salvarlo."* Pero **no**. Había que **soltarlo todo** y empezar desde cero. El chef busca excelencia en su cocina, no solo perfección. Y se nota cuando un plato fue confeccionado mediocremente o cuando se prepara con excelencia.

El que se aferra intenta ajustar, maquillar, negociar y eso es **rigidez.** En la cocina la rigidez no puede existir, hay que ser flexible. El que se alinea, lo vuelve a hacer, es flexible y se ajusta a lo que se le requiere en ese momento. Cuando solté la idea de "mi versión" y seguí la instrucción completa, el resultado fue mejor, más claro, más alineado con la visión del restaurante y del chef.

Ese día entendí algo que luego vi repetirse muchas veces:

La rendición no arruina el proceso. Lo alinea.

Reflexión espiritual

Rendirse no es perder. Es **confiar**. La rendición espiritual no es debilidad, es reconocer que **Dios ve más que tú** y sabe mejor que tú.

La Biblia lo dice con claridad en Proverbios 3:6:

"Reconócelo en todos tus caminos, y Él enderezará tus veredas

Jesús lo dijo claramente en Lucas 22:42:

"No se haga mi voluntad, sino la tuya."

En 1 de Pedro 5:6 también nos recuerda esto:

"Humillaos bajo la poderosa mano de Dios."

Muchos quieren los resultados de Dios sin rendirle el proceso.

Pero la rendición implica: soltar el control, dejar de insistir en tu versión, confiar aun cuando no entiendes, obedecer incluso cuando duele y aceptar la corrección sin resistencia. La falta de rendición cansa. Porque sostener el control requiere fuerza constante.

En la rendición, por otro lado, **descansa el alma**.

En la Cocina del Gran Chef, cuando te rindes, Dios no te quita tu valor te **reposiciona**.

Oración

Gran Chef, gracias por no descartarme las veces que no me he rendido a ti, pero hoy me rindo completamente a ti. Rindo mis ideas, mis planes y mis tiempos. Suelto la necesidad de controlar y de entenderlo todo. Enséñame a confiar en Tu dirección, incluso cuando mi lógica no alcanza. Quiero trabajar contigo, y que tú quieras trabajar conmigo. No imponerte mi versión. Rindo mi corazón, mis procesos y mis resultados a Ti. Ayúdame a tener una fe no fingida delante de ti.
Amén.

El bocado final

Mientras más luchas por mantener el control, más te cansas. Porque el control suele nacer de una fe que entiende, pero no de una que confía.

Muchas veces no nos rendimos porque vivimos desde una fe intelectual: conocemos a Dios, entendemos principios y procesos, pero no descansamos en Él. Sin embargo, la fe genuina no necesita tener todas las respuestas; necesita confiar en Quién dirige la cocina.

Jesús nos mostró el camino más claro de rendición verdadera. En el Getsemaní, consciente del dolor que enfrentaría, sometió Su voluntad al Padre y dijo: "No se haga mi voluntad, sino la tuya." No fue pasividad ni derrota; fue obediencia consciente. Al rendirse, Jesús no perdió autoridad: la afirmó y cumplió el propósito eterno.

Pablo tampoco celebró la fe que Timoteo sabía explicar, sino la fe no fingida que había aprendido a vivir, modelada primero en su abuela Loida y en su madre Eunice. Una fe encarnada, no solo enseñada.

Cuando te rindes, la claridad aparece, el alma descansa y el proceso se ordena. La rendición no te hace menos capaz ni te quita autoridad; te alinea con la visión del Gran Chef y te mueve de una fe pensada a una fe vivida.

Frase sazonada

Rendirse es soltar el control en las manos de Dios.

Receta simbólica — *Rendición al punto*

Ingredientes:

- 1 taza de confianza
- ½ taza de humildad
- 1 cucharada de obediencia
- 1 pizca de valentía
- Fuego suave de fe

Preparación:

1. Comienza con la confianza, decidiendo creer que el Gran Chef ve más allá de lo que tú puedes entender.
2. Añade la humildad, reconociendo que no necesitas tener el control para avanzar correctamente.
3. Incorpora la obediencia, respondiendo a la dirección recibida sin negociar ni postergar.
4. Agrega una pizca de valentía para dar pasos firmes aun cuando el camino no esté completamente claro.
5. Cocina todo a fuego suave de fe, permitiendo que Dios marque el ritmo y traiga descanso al corazón.

Resultado:

Un corazón ligero, alineado y en paz, trabajando bajo la guía del Gran Chef.

Actividad individual

1. Identifica un área donde estás intentando controlar el resultado.
2. Escribe qué temes perder si te rindes.
3. Ora entregando esa área de manera específica.
4. Toma una acción concreta de obediencia, aunque no tengas todas las respuestas.
5. Reflexiona cómo cambia tu paz cuando sueltas el control.

ESPÍRITU DE EXCELENCIA

La excelencia se revela cuando nadie está mirando.

Historia / Metáfora Culinaria

En cocina, la excelencia no grita. No presume. No necesita audiencia.

La he visto en esos cocineros que limpian su estación antes de que se les pida, que prueban una salsa una vez más "por si acaso", que ajustan un detalle aunque el plato ya "cumple".

También he visto lo contrario: el *"así está bien"*, el *"nadie se va a dar cuenta"*, el *"para qué esforzarme si igual pagan lo mismo"*.

Una noche, un chef detuvo el pase por un detalle mínimo. No era grave. No era visible para el cliente promedio. Pero él dijo algo que se me quedó tatuado en el corazón: *"Aquí no servimos para cumplir. Servimos para honrar nuestro uniforme."*

No estaba hablando del cliente. Estaba hablando del oficio. De ese que hacemos en la cocina. De quiénes somos cuando nadie aplaude. Ese día entendí que la excelencia no es perfección obsesiva, es **honra sostenida**. Es dar lo mejor de nosotros, en excelencia.

Reflexión espiritual

La excelencia nace de la identidad, de saber a quién le servimos a través de nuestros comensales. No nace de la presión, de las etiquetas puestas, ni de cómo nos llamaron. No se activa para impresionar, se manifiesta porque **sabes para quién trabajas**.

La Escritura es bien clara en Colosenses 3:23 y Daniel 6:3:

"Y todo lo que hagáis, hacedlo de corazón, como para el Señor y no para los hombres."

"Daniel tenía un espíritu superior."

Daniel no fue excelente por competir o por ser mejor. Fue excelente porque su corazón estaba alineado con el plan de Dios.

La mediocridad suele esconder cansancio, desánimo o falta de propósito. Pero el espíritu de excelencia: cuida los detalles, respeta los procesos, honra el llamado y entiende que lo pequeño prepara para lo grande.

En la Cocina del Gran Chef, la excelencia no busca aplausos; busca **fidelidad**.

Oración

Gran Chef, límpiame del "así está bien" y de la mediocridad, cuando sé que puedo dar más. Ayúdame a trabajar con intención, cuidado y honra. Que mi excelencia no nazca del perfeccionismo, sino del amor por lo que Tú me confiaste. Quiero servir con un corazón alineado, aun cuando nadie esté mirando. Que nunca se me olvide que todo lo que hago es para ti aunque sea sirviendo a otros. Amén.

El bocado final

José, el soñador, con su túnica de colores, es uno de los ejemplos más claros de excelencia que nace del corazón, no de la circunstancia. No trabajaba con excelencia porque fuera esclavo, porque estuviera preso o porque esperara una recompensa inmediata. Lo hacía porque sabía quién lo había llamado.

Aun en lo pequeño y en el anonimato, José entendía que su vida no dependía de una posición momentánea, sino del propósito de Dios sobre la vida de él. Con humildad fue fiel en lo que tenía delante: administrando lo que no era suyo y sirviendo sin reconocimiento.

La Escritura afirma que Dios prosperaba todo lo que José hacía, no porque el entorno fuera favorable, sino porque Dios estaba con él. Su excelencia no era ambición; era obediencia. No era perfeccionismo; era honra.

Dios vio su corazón antes que su desempeño y honró su constancia antes que su posición.

La excelencia bíblica no comienza en el trono, comienza en la cocina del anonimato. Y quien aprende a honrar a Dios en lo pequeño termina siendo confiable para lo grande.

Frase sazonada

La excelencia no se exhibe; se vive como honra.

Receta simbólica — *Excelencia al punto*

Ingredientes:
- 1 taza de intención
- ½ taza de responsabilidad
- 1 cucharada de fidelidad
- 1 pizca de humildad
- Fuego constante de propósito

Preparación:
1. Coloca la intención en el centro del servicio, recordando que lo que haces tiene propósito más allá del resultado visible.
2. Añade la responsabilidad, asumiendo con seriedad lo que se te ha confiado, aun cuando nadie esté observando.
3. Incorpora la fidelidad, permaneciendo constante en lo pequeño sin buscar reconocimiento inmediato.
4. Agrega una pizca de humildad, entendiendo que servir bien no te hace superior, solo confiable.
5. Cocina todo a fuego constante de propósito, dejando que Dios sostenga el ritmo y afirme el carácter.

Resultado:
Un servicio consistente, honesto y digno, que honra a Dios en lo visible y en lo invisible.

Actividad individual

1. Identifica un área donde has dicho "así está bien" por cansancio o rutina.
2. Pregúntate: ¿qué cambiaría si lo hiciera como para Dios?
3. Ajusta un detalle pequeño esta semana con intención consciente.
4. Reflexiona cómo la excelencia cambia tu actitud, no solo el resultado.

UNIDAD

Donde manda el "yo", la cocina no funciona como cuerpo.

Historia / Metáfora culinaria

En una cocina real, la unidad no es opcional. Es supervivencia.

He visto cocinas llenas de talento colapsar porque cada cual quería brillar por su lado. Uno no avisaba. El otro no apoyaba. La otra competía. El otro hacía su parte sin importar si el resto estaba ahogado. Otros solo observaban.

También he visto cocinas donde nadie era la estrella, pero todos sabían **exactamente cuándo entrar, cuándo ayudar y cuándo ceder espacio.**

Recuerdo la Despedida de Año 2013, en el hotel. Esa noche era un de servicio pesado, actividad del hotel y actividades privadas que requerían comidas distintas y todas las estaciones comenzaron a atrasarse. Sin hablar, sin pedir permiso, otro cocinero ajustó su ritmo, cubrió un hueco y mantuvo el flujo. Yo tuve que moverme de mi estación a cubrir el carving, la repostera tuvo que cubrir mi espacio. Nadie nos dijo lo que teníamos que hacer. Nadie nos aplaudió. Pero gracias a esos movimientos silenciosos, ambos servicios fueron un éxito. A todos se nos felicitó por el excelente servicio ofrecido.

Ahí entendí algo fundamental que utilizo en mi vida cotidiana:

La unidad no se nota cuando todo va bien, se revela cuando la presión aumenta. Pero que si veo una necesidad que cubrir y yo puedo hacerla, favorezco a todo el equipo.

La cocina no avanza cuando cada uno hace lo suyo sin mirar alrededor. Avanza cuando todos entienden que el éxito es compartido pero también lo es el fracaso.

Reflexión espiritual

La Biblia es clara, el Reino de Dios no funciona por individualismo, sino por **cuerpo**. Así lo establece Pablo en 1 Corintios 12:12:

"Porque así como el cuerpo es uno, y tiene muchos miembros... así también Cristo."

Pablo no dice que todos piensen igual, ni que todos hagan lo mismo, ni que todos ocupen el mismo lugar. Dice que **todos somos necesarios**.

La falta de unidad no siempre se manifiesta como conflicto abierto. A veces se ve en competencia silenciosa, falta de apoyo, indiferencia, aislamiento y orgullo disfrazado de independencia, llamados los llaneros solitarios.

La unidad requiere humildad. Implica reconocer que **no puedo solo** y que **necesito a otros**. Hay que practicar la sinergia, lo dice la Biblia en Deuteronomio 32:30:

¿Cómo podría perseguir uno a mil,
y dos hacer huir a diez mil,

si su Roca no los hubiese vendido,
y Jehová no los hubiera entregado?"

Dios no dice que dos personas pueden hacer el doble, sino que podrán hacer diez veces más, eso es sinergia aplicada a la cocina del Cielo.

Nehemías también lo entendió bien. El muro no se levantó porque todos eran expertos constructores, sino porque **cada uno edificó su parte**, sin compararse ni abandonar su sección. Nehemías 4:6 declara esto:

"Y el pueblo tuvo ánimo para trabajar."

Donde hay unidad, hay ánimo. Donde hay unidad, hay avance. Donde hay unidad, Dios respalda.

En la Cocina del Gran Chef, la unidad no significa perder identidad, significa **ponerla al servicio del propósito común y mayor**.

Oración

Gran Chef, límpiame del deseo de competir, de destacar o aislarme. Enséñame a honrar el rol de otros y a reconocer que no fui llamado a caminar solo. Ayúdame a construir contigo y con otros, con humildad, respeto y amor. Quiero ser parte de lo que Tú estás haciendo, no un obstáculo. Amén.

El bocado final

Moisés fue llamado, ungido y respaldado por Dios, pero aun así **no fue diseñado para sostenerlo todo solo**.

Mientras sus manos permanecían en alto, el pueblo vencía; cuando el cansancio lo vencía a él, la batalla comenzaba a perderse. No era falta de fe. Era límite humano.

Aarón y Hur entendieron algo esencial: la victoria no dependía de que Moisés fuera más fuerte, sino de que **no estuviera solo**. No tomaron su lugar, no compitieron con su llamado, no buscaron protagonismo. Simplemente se colocaron a su lado y sostuvieron sus manos.

La unidad hizo lo que el esfuerzo individual no podía lograr. Donde un solo líder se agotaba, el cuerpo completo sostuvo la asignación. Y así, la victoria llegó no por la fuerza de uno, sino por la colaboración de todos.

En la Cocina del Gran Chef, la unidad no se demuestra brillando más, sino **sosteniendo cuando el otro se cansa**. Porque hay batallas que no se ganan con más talento, sino con hombros dispuestos a cargar juntos. Y cuando el pueblo entiende esto, el propósito avanza sin que nadie quede aplastado en el proceso.

Frase sazonada

Sin práctica, la unidad es solo discurso.

Receta simbólica — *Unidad al punto*

Ingredientes:
- 1 taza de humildad
- 1 taza de comunicación clara
- 1 cucharada de honra (reconocer el valor del otro)
- ½ taza de servicio sin protagonismo
- 1 pizca de perdón inmediato
- Fuego medio de amor constante

Preparación:
1. Comienza con la humildad, reconociendo que no lo sabes todo y que necesitas a otros para cumplir el propósito.
2. Añade la comunicación clara, hablando con verdad, respeto y a tiempo, sin suposiciones ni silencios que dividan.
3. Incorpora la honra, reconociendo activamente el valor, el rol y el aporte del otro, aunque no sea visible.
4. Agrega el servicio sin protagonismo, disponiéndote a ayudar donde haga falta sin buscar reconocimiento.
5. Añade una pizca de perdón inmediato, evitando que las ofensas pequeñas se conviertan en grietas profundas.
6. Cocina todo a fuego medio de amor constante, permitiendo que la unidad se forme con paciencia y permanencia.

Resultado:

Un equipo que funciona como cuerpo, una cocina que fluye sin competencia, y un propósito que se cumple sin grietas.

Actividad individual

1. Identifica una relación o área donde has operado en "solo yo".
2. Escribe una forma concreta en la que puedes aportar al equipo sin buscar reconocimiento.
3. Pregunta: **¿Qué actitud mía podría estar rompiendo la unidad sin que yo lo note?**
4. Esta semana, haz una acción de honra: agradece, reconoce o apoya a alguien públicamente (o en privado si es más sabio).
5. Ora por unidad en tu casa, tu trabajo o tu ministerio y escribe lo que Dios te muestre.

GRATITUD

Reconocer lo que Dios puso sobre la mesa es gratitud.

Historia / Metáfora culinaria

En cocina, hay algo que marca la diferencia entre un buen equipo y uno que se quiebra: la gratitud entre sus miembros.

He trabajado en lugares donde todo se daba por sentado. El turno largo. El esfuerzo extra. El favor recibido. La ayuda silenciosa. Nadie decía gracias. Y cuando la gratitud desaparece, el cansancio pesa el doble. Donde no reconocían el esfuerzo pero si ponían malas caras porque las cosas se tardaban en salir, haciendo sentir menospreciado al que se esforzaba.

Pero también he estado en cocinas donde, aun con presión, alguien se detenía a decir: *"Gracias por cubrir.", Gracias por quedarte." "Gracias por ese detalle." "Gracias por estar presente"*

No son simples frases vacías. Eran reconocimiento. No son aplausos, son pequeñas frases cargadas de gratitud que alivianan la carga del trabajo. Y ese simple gesto cambiaba el ambiente. La gente trabajaba con más ánimo, más cuidado, más corazón.

Así fue como aprendí que la gratitud no es cortesía. Es **combustible**.

Reflexión espiritual

La gratitud no depende de que las circunstancias sean favorables. Depende de tener **visión**.

La Biblia nos exhorta en 1 Tesalonicenses 5:18:

"Dad gracias en todo, porque esta es la voluntad de Dios para con vosotros."

Queda bien claro que no dice *por todo*. Dice *en todo*.

La falta de gratitud suele nacer de: enfoque en lo que falta, comparación, cansancio acumulado y las expectativas no habladas y de una visión no compartida o comprendida.

Sin embargo, un corazón agradecido reconoce que nada es merecido, que todo es Gracia, que cada proceso forma y que cada mesa servida es provisión.

Jesús mismo modeló gratitud. Antes de multiplicar los panes, **dio gracias**. Antes del milagro, reconoció al Padre.

La gratitud no niega la necesidad.
La **posiciona** correctamente.

En la Cocina del Gran Chef, la gratitud limpia la mirada, ordena el corazón y devuelve el gozo al servicio.

Oración

Gran Chef, purifícame mis ojos con hisopo y serán limpios de la ingratitud. Enséñame a ver lo que ya has hecho y no solo lo que espero que hagas. Límpiame de la queja silenciosa y del corazón inconforme. Quiero servir desde el agradecimiento, no desde la exigencia. Gracias por cada proceso, cada persona y cada mesa que has puesto delante de mí.
Amén.

El bocado final

La gratitud no cambia el menú, pero **cambia el espíritu con el que se sirve**.

Pablo y Silas no dieron gracias cuando las circunstancias mejoraron; dieron gracias **cuando estaban encadenados**, golpeados y encerrados injustamente. En medio de la cárcel, cantaron himnos y oraron, y fue ahí, no después, donde Dios se manifestó (Hechos 16).

La gratitud no niega el dolor, pero evita que el dolor gobierne nuestro corazón. Cuando agradecemos, el peso se aligera, la perspectiva se ordena y el alma recuerda quién sigue estando en control.

Un corazón agradecido no sirve desde la exigencia, sirve desde la conciencia de que todo lo que tiene, las fuerzas, los dones, las oportunidades y las mesas, vino primero de Dios.

La gratitud no es el final del proceso; es el lugar desde donde el proceso se vive correctamente.

Frase sazonada

El servicio sin gratitud pierde honra.

Receta simbólica — *Gratitud al punto*

Ingredientes:
- 1 taza de reconocimiento consciente
- ½ taza de contentamiento
- 1 cucharada de memoria agradecida
- 1 pizca de humildad
- Fuego suave de gozo constante

Preparación:
1. Comienza con el reconocimiento consciente, deteniéndote a identificar las bondades de Dios presentes hoy, aun en lo sencillo.
2. Añade el contentamiento, aceptando con paz la porción que te ha sido asignada sin compararte ni exigir más.
3. Incorpora la memoria agradecida, recordando de forma intencional los momentos en que Dios ya ha sido fiel.
4. Agrega una pizca de humildad, reconociendo que nada de lo que tienes es merecido, sino gracia recibida.
5. Cocina todo a fuego suave de gozo constante, permitiendo que la gratitud transforme tu actitud mientras sirves.

Resultado:
Un corazón ligero, enfocado y fiel, capaz de servir sin amargura y de descansar aun en medio del trabajo.

Actividad individual

1. Haz una lista de cinco cosas por las que puedes agradecer hoy, aunque no sean ideales.
2. Identifica una área donde has servido sin gratitud.
3. Expresa agradecimiento de forma intencional a alguien esta semana.
4. Ora y escribe cómo cambia tu actitud cuando decides agradecer.
5. Reflexiona: ¿qué cambiaría en mi vida si sirvo desde la gratitud y no desde la expectativa?

EMPATÍA

El corazón que entiende lo que el otro no puede decir

Historia / Metáfora culinaria

En la cocina, no todo error se corrige con técnica.
Algunos se corrigen con **miradas compasivas**.

Recuerdo en una ocasión en la que un compañero comenzó a fallar en tareas que siempre hacía bien. Se le quemaban cosas simples. Se le olvidaban detalles básicos. La reacción inmediata de muchos fue dura: *"Está distraído.", "Ya no rinde."* o *"Mejor que lo cambien de estación."*

Pero alguien se detuvo. No para justificar, sino para **observar**.

Ese día supimos que venía de pasar la noche en un hospital con un familiar. No lo había dicho. No quería cargar a nadie. Solo estaba intentando cumplir, pero con su mente y corazón en el hospital. Hubiese sido más fácil faltar, pero intento cumplir y nos dejarnos arrollados en el trabajo.

Ese día el no necesitaba un regaño. Necesitaba **espacio**, apoyo, comprensión y una mano amiga.

La cocina no bajó el estándar, pero todos nos ajustamos y le ayudamos en sus tareas. El servicio fue impecable, porque fuimos empáticos y ayudamos. Y eso lo cambió todo.

Ese día entendí que la empatía no es permisividad. Es liderazgo con humanidad.

Reflexión espiritual

La empatía es una de las expresiones más claras del corazón de Cristo. No elimina la verdad, pero la **envuelve en amor**.

La Escritura nos exhorta en Romanos 12:15:

"Gozaos con los que se gozan; llorad con los que lloran."

Eso no es emoción superficial. Es disposición a **caminar al ritmo del otro**. Es bajar no para menospreciar sino para ayudar al otro a levantarse y caminar.

Pablo también nos escribe en Filipenses 2:3-4:

"Nada hagáis por contienda o por vanagloria; antes bien con humildad, estimando cada uno a los demás como superiores a él mismo."

La falta de empatía suele verse como fortaleza espiritual, pero en realidad es **desconexión**. Corregimos sin escuchar para entender pero si para juzgar. Exigimos perfección pero desconocemos las cargas ajenas. Juzgamos los procesos que no entendemos. Y lo peor es servimos desde la posición y no desde el corazón.

Jesús nunca trató a todos igual, porque **no todos estaban viviendo lo mismo**. Jesús sabía confrontar a los soberbios. Pero abrazó a los quebrantados. Y restauró al que falló.

Jesús caminó con el que estaba confundido sin decirle debes orar más.

Eso es empatía: ver más allá del comportamiento y responder al corazón.

En la Cocina del Gran Chef, la empatía no debilita el orden. Lo **humaniza**.

Oración

Gran Chef, dame ojos para ver más allá de lo evidente. Líbrame de juzgar rápido y de corregir sin escuchar. Enséñame a servir con verdad y con gracia, a sostener procesos ajenos sin perder el estándar. Quiero reflejar Tu corazón en la manera en que trato a otros. Amén.

El bocado final

La empatía no baja el estándar; es **ajustar la forma en que acompañas el proceso**. No todos fallamos por ser descuidados. No todos llegamos tarde por irresponsabilidad. No todos respondemos a las crisis de la misma manera.

Jesús nos mostró cómo se vive esta verdad. Cuando llevaron ante Él a la mujer sorprendida en adulterio, Jesús no negó la verdad ni justificó el pecado. **Jesús** vio primero a la persona antes que la falta. Guardó silencio, se inclinó, desarmó la condena pública y luego habló con claridad: *"Ni yo te condeno; vete y no peques más."*

Eso es empatía bíblica: **verdad sin humillación, corrección sin desprecio, acompañamiento sin permisividad**. Jesús no bajó el estándar; cambió el método. Protegió el corazón sin negociar la transformación.

En la Cocina del Gran Chef, la empatía no excusa los errores, **sostiene los procesos**. Permite corregir sin herir, esperar sin abandonar y caminar con otros sin perder la verdad que nos forma.

Frase sazonada

La empatía no excusa; acompaña la verdad.

Receta simbólica — *Empatía al punto*

Ingredientes:
- 1 taza de escucha real (sin interrumpir)
- ½ taza de humildad (para no asumir)
- 1 cucharada de paciencia emocional
- 1 pizca de discernimiento
- Fuego bajo de compasión constante
- Sal de verdad (sin condenación)

Preparación:
1. Comienza con la escucha real, prestando atención sin interrumpir ni preparar respuestas defensivas.
2. Añade la humildad, evitando asumir intenciones o juzgar antes de entender.
3. Incorpora la paciencia emocional, dando espacio a los tiempos y procesos del otro.
4. Agrega una pizca de discernimiento, para saber cuándo hablar, cuándo callar y cómo responder.
5. Sazona con sal de verdad, corrigiendo con claridad pero sin condenación.
6. Cocina todo a fuego bajo de compasión constante, permitiendo que el amor sostenga el proceso sin perder el estándar.

Resultado:
Un corazón que corrige sin herir, acompaña sin cargar, y edifica sin perder el estándar.

Actividad individual

1. Piensa en una persona a la que hayas juzgado rápido. ¿Qué creíste saber de ella?
2. Escribe 3 posibles realidades que podrían estar detrás de su conducta (sin justificar el error, solo ampliando la mirada).
3. Practica esta semana una pregunta antes de corregir: **"¿Estás bien? ¿Qué está pasando?"**
4. Recuerda un momento en que alguien fue empático contigo. ¿Qué hizo exactamente que te ayudó?
5. Haz una acción concreta de empatía esta semana: escuchar, ayudar, cubrir, o simplemente acompañar sin consejo.

LO QUE EL FUEGO DEJÓ

Este volumen nos llevó al lugar menos visible y más determinante del proceso: **el corazón**. No para juzgarlo, sino para permitir que Dios lo trabajara con verdad y propósito.

Aprendimos que muchas actitudes que contaminan no son fallas aisladas, sino **señales**: avisos de un interior cansado, herido o desconectado de su identidad en Cristo.

También entendimos que las actitudes que elevan no se acumulan como logros espirituales.
Se cultivan.
Con constancia.
Con humildad.
Con rendición diaria.

En la Cocina del Cielo, el Gran Chef no busca corazones impecables, sino **corazones disponibles**. No acelera procesos ni descarta ingredientes por estar incompletos. Trabaja con lo que hay, lo limpia, lo ordena y lo transforma a Su tiempo.

Si algo quedó claro en este recorrido es esto: **el crecimiento no ocurre cuando lo sabemos todo, sino cuando permanecemos enseñables**. Cuando soltamos el control y permitimos que Dios alinee lo interno antes de confiar lo externo.

Aquí no termina el proceso.
Aquí se afirma.

Porque un corazón trabajado por Dios puede sostener
más peso, mayor responsabilidad y decisiones que exigen
carácter.

Lo que fue formado en silencio, a su tiempo será puesto
en acción.

Cierra este libro sin prisa.
Respira.
Permanece.

**La cocina sigue encendida,
y el Gran Chef aún no ha terminado contigo.**

CONCLUSIÓN

El trabajo del corazón no es un evento; es un proceso continuo.

A lo largo de este volumen hemos visto que las actitudes no son detalles menores, sino fuerzas invisibles que influyen en todo lo que hacemos, decimos y construimos. Lo que se permite en el interior, inevitablemente se manifiesta en el exterior.

Jesús lo expresó con claridad:

"Porque nada hay oculto que no haya de ser manifestado, ni escondido que no haya de ser conocido y salir a luz."
(Lucas 8:17)

Las actitudes que contaminan no surgieron para condenarnos, sino para alertarnos. Son señales que indican áreas que necesitan atención, sanidad y alineación. Ignorarlas no las debilita; reconocerlas abre la puerta a la transformación.

La Escritura también nos recuerda en Romanos 10:10, que el corazón es el centro del proceso:

"Porque con el corazón se cree para justicia, pero con la boca se confiesa para salvación."

Las actitudes que elevan no son muchas, son profundas. No requieren perfección, sino práctica. No se sostienen con emoción momentánea, sino con decisiones conscientes. Son el fruto de un corazón que ha sido trabajado, limpiado y alineado por Dios; un corazón que ha aprendido a rendirse, a escuchar, a permanecer y a confiar.

En la Cocina del Cielo, el Gran Chef no separa el carácter del servicio ni la espiritualidad de la vida diaria. Todo está conectado. Un corazón no procesado limita el alcance del propósito; un corazón alineado lo sostiene.

Por eso Dios forma antes de enviar, limpia antes de usar y ordena antes de multiplicar.

Este volumen nos recuerda que crecer no es acumular conocimiento, sino permitir que ese conocimiento nos transforme. No se trata de saber más, sino de vivir mejor. No se trata de aparentar madurez, sino de caminar en ella, aun cuando nadie esté observando.

La invitación final es clara:
permanece en el proceso.
Permanece enseñable.
Permanece humilde.
Permanece fiel.

Porque cuando el corazón se deja moldear,
todo lo demás encuentra su lugar... a su tiempo.

TRANSICIÓN

Lo que Dios trabaja en el corazón no fue diseñado para quedarse oculto. La fe que se forma en lo profundo siempre busca expresarse.

Jesús lo afirmó: nada que permanece oculto puede quedarse así para siempre; todo termina manifestándose. Y Pablo lo confirmó: lo que se cree en el corazón, se confiesa con la boca.

Por eso, este proceso continúa.

Lo que ha sido alineado internamente comienza ahora a reflejarse en lo visible. Las decisiones, las palabras, la manera de servir, de liderar y de responder bajo presión revelan cuán trabajado está el corazón. El carácter no se demuestra en la intención, sino en la acción.

En la Cocina del Cielo, después de ordenar el interior, el Gran Chef nos invita a vivir lo aprendido en comunidad. Porque el corazón se forma en lo íntimo, pero se prueba en relación con otros. No para exponer debilidades, sino para afirmar convicciones. No para exigir perfección, sino coherencia.

El carácter en acción es la evidencia de un corazón formado. Es la fe caminando, hablando y sirviendo. Es lo invisible tomando forma en lo cotidiano.

Las actividades que siguen no son ejercicios teóricos. Son espacios de reflexión, diálogo y práctica donde lo trabajado en silencio encuentra expresión. Aquí no se busca respuestas correctas, sino corazones dispuestos.

Avanza con humildad.
Avanza con intención.

Lo que fue trabajado en el corazón
está listo para ponerse en acción... a su tiempo.

ACTIVIDADES GRUPALES

El Taller del Gran Chef

Experiencias prácticas para vivir cada proceso juntos

La Cocina del Cielo no se vive en soledad; se comparte. Cada proceso, el fuego, el corte, el sazón, la paciencia, se vuelve más profundo cuando se camina junto a otros.

Estas actividades están diseñadas para que grupos, equipos, iglesias y círculos de discipulado puedan **experimentar juntos** lo que Dios cocina en cada alma. No se trata solo de aprender conceptos, sino de permitir que el proceso se encarne en conversaciones, decisiones y relaciones reales.

Aquí no buscamos perfección, sino **participación, honestidad y comunión**. Como en toda cocina viva, cada voz aporta un aroma distinto y cada historia añade un ingrediente que enriquece el banquete espiritual.

Prepárense para poner las manos en la mesa, el corazón en disposición y dejar que el Gran Chef dirija esta experiencia compartida.

Actividad 1

Identificando lo que contamina

Objetivo:
Reconocer actitudes internas que afectan el ambiente espiritual y relacional.

Pasaje base:
Salmos 51:6 / Mateo 15:18–19

Dinámica:
Cada participante escribe en silencio una actitud que reconoce como recurrente en su vida (envidia, control, queja, pasividad, etc.).
No se comparte aún.

Preguntas de reflexión:

- ¿Cómo esta actitud ha afectado mis relaciones o mi servicio?
- ¿Qué suele activarla?
- ¿Qué costo ha tenido mantenerla sin trabajar?

Aplicación práctica:
En oración personal, entregar esa actitud al Gran Chef y pedir disposición para permitir el proceso de limpieza.

Actividad 2

Del reconocimiento a la transformación

Objetivo:
Comprender que identificar no es suficiente; el corazón debe ser trabajado.

Pasaje base:
Romanos 12:2 / Proverbios 4:23

Dinámica:
En grupos pequeños, dialogar sobre la diferencia entre:

- saber que algo está mal
- permitir que Dios lo transforme

Preguntas de reflexión:

- ¿Qué me cuesta más: reconocer o soltar?
- ¿Qué temo perder si cambio esta actitud?
- ¿Cómo se ve la obediencia práctica en este proceso?

Aplicación práctica:
Escribir una decisión concreta que refleje un cambio visible durante la semana.

Actividad 3

Actitudes que elevan el ambiente

Objetivo:
Identificar actitudes que construyen, sanan y fortalecen
equipos y relaciones.

Pasaje base:
Colosenses 3:12–15 / Filipenses 2:3–4

Dinámica:
El grupo enumera actitudes que elevan (humildad,
empatía, enseñabilidad, unidad, rendición).
Luego, cada persona escoge **una** para trabajar
conscientemente esa semana.

Preguntas de reflexión:

- ¿Cómo cambia un ambiente cuando alguien vive
  esta actitud?
- ¿Qué resistencia interna siento al practicarla?
- ¿Qué evidencia concreta mostraría que esta actitud
  está creciendo?

Aplicación práctica:
Practicar esa actitud en un contexto real y compartir la
experiencia en el próximo encuentro.

Actividad 4

Enseñabilidad y rendición

Objetivo:
Evaluar la disposición del corazón a aprender, corregirse y someter la voluntad.

Pasaje base:
Proverbios 12:1 / Lucas 22:42

Dinámica:
Reflexión guiada sobre la diferencia entre:

- conocer la verdad
- rendirse a la verdad

Preguntas de reflexión:

- ¿Qué áreas de mi vida aún resisten corrección?
- ¿Cómo reacciono cuando soy confrontado?
- ¿Mi fe es solo entendida o vivida?

Aplicación práctica:
Orar como grupo, entregando decisiones, expectativas o control al Gran Chef.

Actividad 5

Preparados para lo visible

Objetivo:
Conectar el trabajo interno con su manifestación
práctica.

Pasaje base:
Lucas 8:17 / Romanos 10:9–10

Dinámica:
Cada participante comparte (voluntariamente) un área
donde desea que el carácter trabajado se vea reflejado en
acciones concretas.

Preguntas de reflexión:

- ¿Qué evidencia externa confirmaría que el corazón
  ha sido trabajado?
- ¿Qué ajustes necesito hacer para vivir con
  coherencia?
- ¿Qué tipo de persona quiero ser cuando nadie me
  observa?

Aplicación práctica:
Cerrar con una oración de envío, reconociendo que el
proceso continúa.

PONER EN PRÁCTICA

Lo trabajado en este volumen no fue diseñado para quedarse aquí. Los procesos formaron el entendimiento. Las actitudes alinearon el corazón.

Pero el Gran Chef no se detiene en lo interno.

La vida diaria, las relaciones, las responsabilidades y los llamados requieren algo más: poner en práctica lo aprendido, asumir roles, discernir estaciones y servir desde una identidad afirmada.

Por eso, la Cocina del Cielo continúa.

En el próximo volumen, el enfoque se mueve del corazón a la acción. De lo que Dios forma en lo profundo, a cómo eso se expresa en lo cotidiano.

Si este libro te ayudó a mirar hacia adentro, el siguiente te invitará a caminar hacia adelante.

La cocina sigue encendida.
El proceso continúa.
Y el Gran Chef aún no ha terminado contigo.

SOBRE LA AUTORA

Ivelisse Adorno es una sazonada chef boricua, escritora y creadora del proyecto **La Cocina del Cielo**, una colección que une fe, proceso y vida cotidiana a través de la metáfora de la cocina. Su llamado no es solo enseñar, sino **acompañar procesos de transformación profunda** con un lenguaje cercano, honesto y bíblico.

Desde su experiencia en la cocina profesional y su caminar espiritual, Chef Ive comunica verdades eternas de forma práctica, invitando a otros a permitir que Dios trabaje cada área de su vida con intención, orden y propósito. Cree firmemente que el crecimiento espiritual no comienza en lo visible, sino en **un corazón dispuesto a ser formado**.

La Cocina del Cielo nace de esa convicción: que Dios sigue formando vidas con paciencia, amor y diseño, y que cada proceso, por difícil que parezca, **tiene un propósito eterno**.

CRÉDITOS FINALES

Autora: Ivelisse Adorno
Concepto y contenido: Chef Ive Adorno
Edición y revisión: Kitvi Editorial, LLC
Diseño y maquetación: Kitvi Editorial, LLC
Colección: *La Cocina del Cielo*

Todos los derechos reservados.
Ninguna parte de este libro puede ser reproducida, distribuida o transmitida en ninguna forma sin el permiso previo de la autora, excepto para citas breves con fines de reseña o estudio.

AGRADECIMIENTOS

Este libro existe gracias a Dios, el Gran Chef, quien continúa trabajando con paciencia en áreas que muchas veces preferiríamos ignorar. A Él, toda honra.

A mi esposo, por caminar conmigo los procesos invisibles y sostenerme en los visibles.

A cada lector, que me dio su opinión y ayudó a que este libro exista.

Gracias por permitir que este mensaje llegue a sus manos y, con ello, a sus procesos.

DECLARACIÓN FINAL

Este libro no fue escrito para señalar, comparar ni medir niveles espirituales. Fue escrito para acompañar procesos reales, corazones imperfectos y personas dispuestas a dejarse trabajar.

Declaro que todo lector que se acerque a estas páginas con humildad encontrará claridad, dirección y descanso. Que el Gran Chef siga limpiando, ordenando y formando corazones que reflejen Su carácter en cada espacio donde sean colocados.

Que lo aprendido aquí no se quede en palabras, sino que se traduzca en una vida transformada.